AF406404

تدورُ أحداث القصّة في بدايَةِ القَرنِ العِشرين، أي قَبْلَ 100 عامٍ مِن موعِدِ إصدارِها، تحديدًا في اليومِ الأوّلِ من أيّامِ العيدِ في العامِ 1922 في مدينَةِ نابِلِس. تذكُرُ فدوى طوقان، شاعرة فلسطين، في سيرتها الذّاتية (رحلةٌ جبليّة، رحلةٌ صعبة)، أجواء العيد والسّعادة التي كانت تغمرها يوم العيد، عندما تخرج ومعها قروش العيديّة. كانت مدينة الملاهي المتنقلّة، من أهمّ فعاليّات العيد عندها، وتخصّ بالذِّكر الدّولاب الخشبيّ ومشاعرها عند ركوبها لهُ.

تعمّدتُ إدخالَ جُمَلٍ بالعاميّة في الحوارات بين الشخصيات، وذلك بهدف إدخال القارئ/ة والمُستمِع/ة إلى قلبِ الحدث.

يَرِدُ ذِكرُ أسماء مواقع وأماكن في نابلس وضواحيها (جَبَلُ عيبال وَجَبَلُ جِرزيم، المُدَرَّجُ القَديمُ، المَسْرَحُ الرومانيُّ، مَدينَةُ شْكيم، بِئْرُ يَعْقوب)، طمعًا في إثارةِ فضول الأطفال والأهل للبحث عنها أو زيارتها إن أمكن.

أخيرًا، أقْترِحُ التَحدّث مع الأطفال عن رأيهم بتصرّف الفتاةِ نائِلَة، بطلَةِ القصّةِ وتصرّف الشّابِّ المسؤول عن ركوبِ الدّولاب. ولنفكّر معًا، ماذا يمثّل كلّ واحدٍ منهما؟

دولاب العيد

تأليف: منال صعابنة

رسوم: عبدالله قواريق

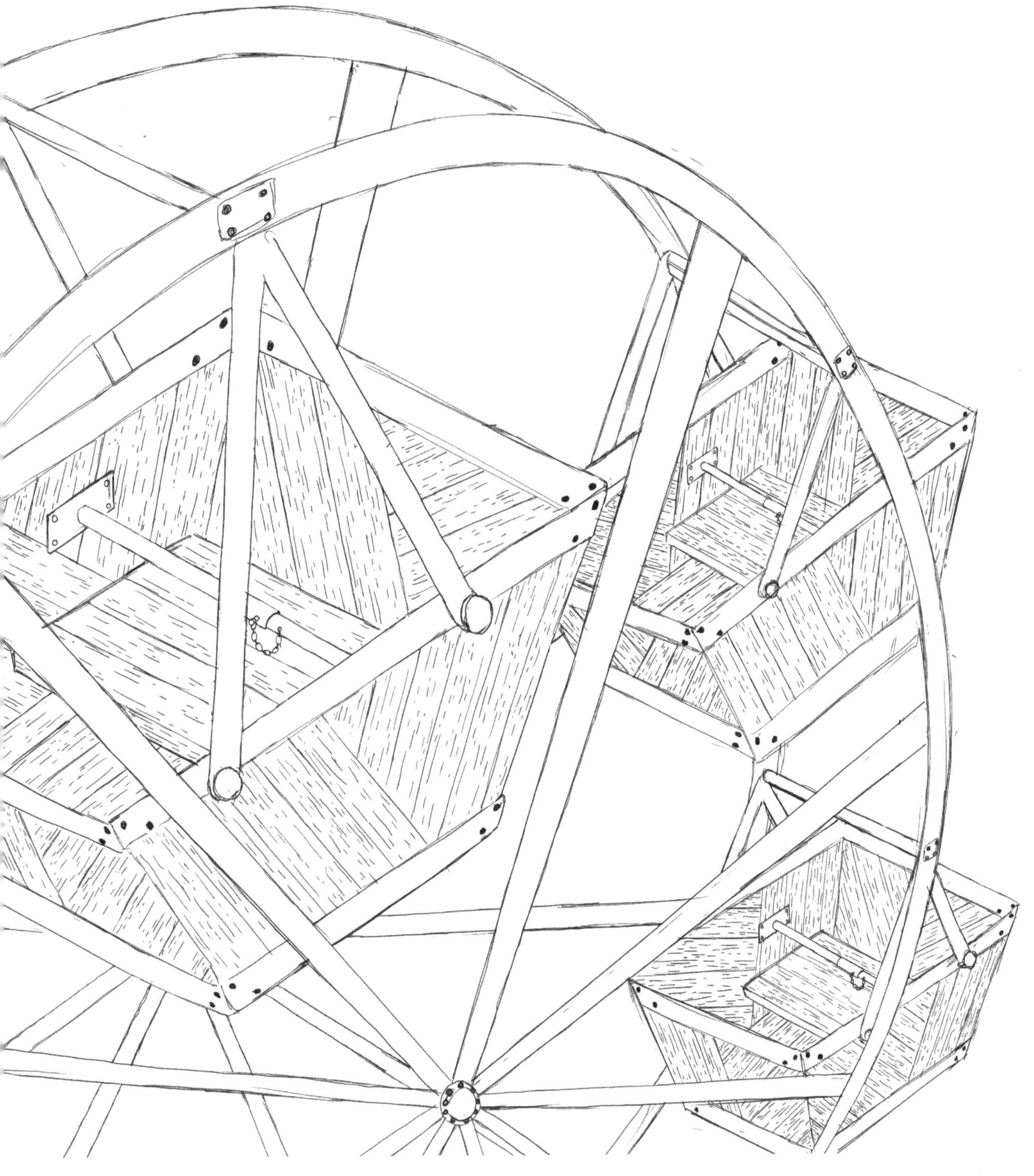

مَدَدْتُ يَدي إلى جَيبي مَرَّةً أُخْرى
لِأَطْمَئِنَّ أَنَّ عيدِيَّتي في مَكانِها.
وَأَكْمَلْتُ حَديثي مَعَ بَناتِ الحارَةِ
عَنْ مَدينَةِ المَلاهي المُتَنَقِّلَةِ،
التي تَزورُ نابِلِس في كُلِّ عيدٍ.

لَقَدْ كَبُرْنا مُنْذُ العيدِ السّابِقِ!
وَوَصَلْنا الجيلَ المُناسِبَ لِرُكوبِ
الدّولابِ الدائِريِّ الكَبيرِ هذا العامَ!

تَرْكُضُ جَدَّتي جَميلة في كُلِّ اتِّجاهٍ،
تُحَضِّرُ وَتُجَهِّزُ، ثُمَّ تُناديني:
- هييي نائِلَة تَعالي خُذي هَالبُقْجِة وَوْصليها لَعَمْتِك فاطِمة.
- بَسْ يا سِتّي، أنا رايْحَة عَلى مَدينةِ المَلاهي مَعِ البَنات.
- عَمْتِك بْتِسْتَنّى، وَدّي البُقْجِة وْبَعِدْها إعْمَلي شو بِدِّك.
- طَيِّب، طَيِّب.

حَمَلْتُ البُقْجَةَ المَلْفوفَةَ بِطَبَقاتٍ مِنَ الجَرائِدِ،
وَعُدْتُ مُنْزَعِجَةً إلى البَناتِ.
أكْمَلْنا حَديثَنا وَمَشَيْنا بِاتِّجاهِ مَدينَةِ المَلاهي.

كانَ قَلْبي يَخْفِقُ كُلَّما تَخَيَّلْتُ نَفْسي في أَعْلى نُقْطَةٍ مِنَ الدّولابِ الخَشَبِيِّ المُتَحَرِّكِ، أُطِلُّ عَلى نابْلِس مِنْ فَوْقٍ وَأَرى:
المُدَرَّجَ القَديمَ، وَالمَسْرَحَ الرومانيَّ، وَمَدينَةَ شْكيم، وَبِئْرَ يَعْقوب، وَجَبَلَ جَرْزيم، وَكُلَّ المَساحاتِ الخَضْراءِ في راسِ العين وَالقُرى المُجاوِرَةِ.

وَقَفْتُ أنا وَصَديقاتي، مَعَ الآخرينَ في الطّابور،
أَتَخَيَّلُ بِلَهْفَةٍ رُكوبَ الدّولابِ،
فَجْأَةً أَيْقَظَني صَوْتٌ غَليظٌ وَعَصَبِيٌّ مِنْ أَحْلامِ يَقَظَتي:

130
125
120
115
110
105

130
125
120
115
110
105

إنْتِ يا بِنِت، بَعْدِكْ صُغيرِة، مَمْنوع تِطْلَعي!
اعْتَرَضْتُ: «بَسْ، أَنا كْبيرِة، صازْ عُمري 8 سْنين»
أَشارَ بِيَدِهِ إلى عَلامَةٍ عَلى السِّياجِ الحَديدِيِّ قائِلًا:
- كِتْفِكْ لازِمْ تِوْصَلْ لَهون!
- بَقُلَّك كبيرِة، صُرت 8 سنين.
- بِدونْ بَسْ. المُهِمْ طولِك مِش عُمرِك
- بَس أنا عَنْ جَدّ كْبيرِة، وْبَروحْ عَالمَدْرَسِة، وهاي بَناتْ صَفّي
كُلْهِن زِكِبِنْ قُدّامي!
- وْبَعْدينْ بهالبِنت؟ قُلْتْ بِنْفَعِشْ. مَمْنوعْ.
قالَ وَأزاحَ وَجْهَهُ مُنْشَغِلًا بِباقي البَناتِ وَالأوْلادِ في الطّابورِ.

«إلي اسِمْ، أنا نائِلَة مش 'بنت'،» قُلْتُ في نَفْسي حانِقَةً، بَعْدَ
أنْ أخْرَجَني مِنَ الطّابورِ.
صَرَرْتُ عَلى أَسْناني وَرَكَلْتُ التُّرابَ بِرِجْلي.

وَقَعَتِ البُقْجَةُ مِنْ يَدَيَّ.
انْحَنَيْتُ بِسُرْعَةٍ لِأَحْمِلَها،
فَفُتِحَت وَتَبَعْثَرَت مُحْتَوَياتُها!
تَخَيَّلْتُ خَيْبَةَ ظَنِّ جَدَّتي بي.
وَبَدَأتُ أُحاوِلُ إِعادَةَ لَفِّها.

وَلِكِنْ لَحْظة!

فَتَحْتُ الجَريدَةَ مِنْ جَديدٍ.

وَضَعْتُ الشّالَ المُطَرَّزَ عَلى كَتِفَيَّ.
وَأَعَدْتُ لَفَّ قِطْعَتَيِّ الصّابونِ،
كُلَّ قِطْعَةٍ بِوَرَقَتَينِ مِنَ الجَريدَةِ،

وَتَسَلَّلْتُ إلى الدَّوْرِ مِنْ جَديدٍ.
وَقَفْتُ بِجانِبِ العَلامَةِ عَلى الجِدارِ
واضِعَةً قِطْعَتَي الصّابونِ تَحْتَ قَدَمَيَّ
فَصارَ كَتِفي أَعْلى مِنَ العَلامَةِ!
وَاخْتَبَأْتُ وَراءَ ما تَبَقّى مِنَ الجَريدَةِ،
حَتّى لا يَتَعَرَّفَ عَلَيَّ ذلِكَ الشّابُ العَصَبِيُّ.

نَجَحْتُ،

رَكِبْتُ الدّولابَ الكَبيرَ!
بَدَأَ الدّولابُ يَتَحَرّكُ وَقَلْبي يَخْفِقُ بِشِدَّةٍ، يَمْلَأُهُ شُعورٌ غَريبٌ،
وَيوقِعُهُ إلى قاعِ بَطْني.
كانَ الشُّعورُ يَشْتَدُّ، كُلَّما ارْتَفَعَ الدّولابُ أَكْثَرَ.

يَتَحَرَّكُ الدّولابُ قَليلًا ثُمَّ يَتَوَقَّفُ، حَتّى يَتَمَكَّنَ الجَميعُ مِنَ التَمَتُّع بِلَحْظَةِ القِمَّةِ.

تَوَقَّفَ الدّولابُ فَاهْتَزَّتِ العَرَبَةُ يَسارًا وَيَمينًا، ارْتَبَكْتُ قَليلًا وَأَمْسَكْتُ بِسِياجِ العَرَبَةِ. أُقاوِمُ خَوْفي مِنَ الاهْتِزازِ وَالعُلُوِّ الشّاهِقِ.

احْمَرَّ وَجْهي وَتَسارَعَتْ نَبَضاتُ قَلْبي مُحَرِّكَةً قَفَصِيَ الصَّدْرِيَّ بِحِدَّةٍ.

تَمالَكْتُ نَفْسي وَبَدأتُ أَنْظُرُ حَوْلِيَ في جَميعِ الاتِّجاهاتِ.

ها هِيَ جَدَّتي هُناكَ، نادَيْتُها:
«سِتِّييييييي سامْحيني»

وَفي النّاحِيَةِ الأُخْرى أَرى بَيْتَ عَمَّتي،
صَرَخْتُ مِنْ فَوْقٍ: «عَمْتيييييييي أنا جاي
لَعِنْدِكِ، اسْتَنّيني، تَأَخَّرِتْ عَليكِ، وِحْياتِكِ،
تِزْعَليش مِنّي...»

وَتَحْتي مُباشَرَةً كانَ ذلِكَ الشّابُّ العَصَبِيُّ،
كَمْ كانَ يَبْدو ضَئيلًا مِنْ هُنا!
بَدَأتُ أَضْحَكُ بِأَعْلى صَوْتي.
بَدَأ الدّولابُ رِحْلَةَ النُّزولِ وَأنا أَضْحَكُ وَأَضْحَكُ
وَأَضْحَكُ حَتّى وَصَلْنا الأَرْضَ.

قَفَزْتُ بِسُرْعَةٍ، وَدَّعْتُ صَديقاتِي،
وَبَدَأْتُ أَرْكُضُ إلى بَيْتِ عَمَّتي،
أُفَكِّرِ بِطَريقةٍ لِأُراضيها.

دولاب العيد
الطبعة الأولى 2022

تأليف: منال صعابنة

رُسوم وتصميم: عبد الله قواريق

جَميعُ الحُقوقِ عَلى النَّصّ والرُسوم محفوظة لـ
«دار أطافيل للنشر»
كفر قرع- فلسطين
www.atafeal.com

atafeal@gmail.com

أطافيل

ISBN 978-965-8877-02-8

شكر خاص على الملاحظات والمراجعة:

لؤي وتد

د. كوثر جابر قسوم